AF232727

A PROPOS

DES

LOIS CONSTITUTIONNELLES

À PROPOS

DES

LOIS CONSTITUTIONNELLES

—

PARIS

IMPRIMERIE CHARLES SCHILLER

10, RUE DU FAUBOURG-MONTMARTRE, 10

—

1874

A PROPOS

DES

LOIS CONSTITUTIONNELLES

~~~~~~~~~~~

*A M. le Président et MM. les Membres du Centre
Droit de l'Assemblée Nationale.*

Messieurs,

Dans les circonstances que traverse notre
pays et dont la gravité permanente inquiète,
plus que jamais, tous les esprits, il est du devoir de chacun d'apporter son modeste contin-
gent à la solution du problème politique qui
s'agite dans l'Assemblée, solution dont dépend
l'avenir de notre Nation.
~~~~~~~~~~~

C'est à ce titre, messieurs, et en raison de la position particulière que vous occupez dans l'Assemblée, que j'ai pris la liberté de m'adresser à votre patriotisme, pour vous présenter quelques considérations à propos *des Lois constitutionnelles* dont l'Assemblée nationale a le devoir de doter le pays. Mais avant, je vous demande la permission de jeter rapidement un coup d'œil sur le présent et le passé, afin de m'en aider pour vous indiquer la voie d'une solution rationelle.

I

D'après ce qui se passe dans l'ordre politique, on pourrait croire que la logomachie a pris la place de la pensée et que les phrases n'ont d'autre but que de couvrir le vide des idées : c'est la confusion des confusions.

A quoi cela tient-il ?

Dans les époques de transition, il est particulièrement utile, pour dominer les passions par la raison, de remonter aux causes, aux origines, au point de départ des principes : Jamais étude n'a été plus nécessaire qu'en ce moment; et pourtant, qui s'en occupe ?

Ce qui fait défaut, à notre époque, n'est-ce pas une pensée philosophique saine, en vue d'établir *des affirmations*, sinon nouvelles, du moins concordantes dans leurs déductions ?

Notre grande Révolution a créé *peu d'affirmations* ; à la suite des philosophes qui l'avaient préparée, elle a produit *plus de négations que d'affirmations* ; c'est là le mal qu'elle nous a légué et qu'il serait grand temps de neutraliser.

Pourtant, en politique, il est *une affirmation* qu'elle nous a laissée, justifiée par la philosophie qui subsiste dans la conscience de tous, et s'impose, conséquemment ; néanmoins, on peut dire hardiment, que jusqu'à présent, on s'est fourvoyé dans les moyens d'application : c'est ce que je me propose de démontrer, à grands traits, par le côté métaphysique ou moral, aussi bien que par le côté pratique des choses.

Cette affirmation politique est : « *la souveraineté nationale* », ayant, comme moyen d'action, « *le principe Electif.* »

La *Souveraineté nationale* est le droit indiscutable de la Nation à se gouverner par elle-même, ou au moyen de formes qui lui paraissent les plus convenables pour assurer sa prospérité ; mais ce droit à se gouverner par elle-même, implique-t-il celui de méconnaître des droits qui lui sont *antérieurs* et *supérieurs ?*

Si cette restriction n'existait pas, on peut affirmer que l'effet se tournerait contre la cause, et, au lieu de la protection de tous les droits, — qui doit être le but de la souveraineté, c'est-à-dire de la puissance nationale, — on arriverait infailliblement à l'Anarchie, à la Tyrannie, négation de la liberté et du droit.

II

L'erreur de la Révolution — erreur capitale
— a été de croire que l'on pourrait légitimement, rationnellement, adopter comme expres-
sion de la souveraineté nationale le droit individuel pris seulement sous son aspect matériel.
La Révolution traduisait, par là, son côté faible,
son insuffisance dans l'étude des problèmes
moraux qui, pourtant, sont la base de l'ordre
politique, économique et social.

En effet, avec le droit individuel appliqué,
seul, au principe électif, tous les citoyens sont
représentés, mais les droits *antérieurs* et *supé-*
rieurs à tout Etat social, le sont-ils également?
Telle est la question dans toute sa simplicité.

Nous ne perdrons pas notre temps à démontrer — nous l'avons fait ailleurs et tout le monde
le sent, du reste, aujourd'hui — que le principe
électif, se traduisant par le suffrage universel,
annihile le droit individuel lui-même, c'est-à-

dire que l'effet prime la cause ; il en résulte une confusion telle que la hiérarchie sociale la plus légitime tend à être méconnue; que l'autorité s'affaiblit chaque jour davantage puisque le fils devient, trop souvent, l'antagoniste du père; c'est la désorganisation morale préparant la désorganisation politique et nationale.

III

Qu'est-ce que le *Droit individuel ?*

Est-ce la partie physique et organique de l'homme, ou bien prend-il sa base sur le caractère moral que Dieu a donné à la créature humaine ?

Si on admet que c'est le premier élément qui prime le second, le suffrage universel, dans son application, devra être la *loi absolue* des sociétés et *les majorités* ne devront plus avoir *aucun égard* pour *les minorités :* il n'y aura plus à songer qu'à des gouvernements *de fait*, et non à des gouvernements de principes.

Les sociétés, dans cette voie, iront invinciblement au matérialisme et à toutes ses conséquences.

Le Droit, ainsi entendu, n'aura plus d'autres limites que l'intérêt et les nécessités matérielles.

Est-il un Représentant, un seul, qui ait la volonté de préparer une pareille destinée à notre Nation?

Mais qu'on le veuille ou qu'on ne le veuille pas, cette destinée serait infailliblement la conséquence du suffrage universel appliqué tel qu'il existe, sans contrepoids à la force qui est son principal élément.

Pour nous, le droit individuel représente l'attribut donné par Dieu à l'âme, dont le caractère particulier est la Liberté. Par suite, l'exercice de ce droit doit avoir pour effet obligé de sauvegarder directement la liberté comme ses conséquences pratiques; c'est-à-dire qu'il ne peut fonctionner légitimement, *comme droit*, sans un équivalent *de devoirs* à remplir.

Le principe électif doit donc avoir, conséquemment, pour objet la *protection* de tous les droits, autrement il ne serait que la pire des tyrannies.

Le suffrage universel actuel ne s'applique évidemment que par le côté physique du droit individuel. Quel est donc le procédé au moyen duquel il pourrait fonctionner avec un double caractère moral et physique, sans sortir, bien entendu, du principe électif et en laissant à la liberté toute son action légitime ?

Tel est le problème qu'il importe le plus de résoudre, car sa solution formant la base de nos Institutions, elles porteront l'empreinte du plus ou moins d'équité et de sagesse qui auront présidé à sa solution.

Le Droit individuel réside principalement, comme nous l'avons vu, dans l'exercice de la liberté, laquelle est tout à la fois une force et un droit, et c'est parce qu'elle a ce double caractère que ses effets sont plus sensibles à définir et à régler.

Pour trouver la valeur et la règle du droit individuel et de la liberté, il faut remonter

à leur origine et à leur premier fonctionne-
ment.

IV

A côté du droit individuel apparaît une Ins-
titution ayant la même origine : cette institu-
tion, c'est *la Famille*, sans laquelle *le Droit* et
l'*Individu* eussent été comme n'étant pas.

La famille est, du reste, une *unité morale*
voulue par Dieu même, et ce n'est pas le
moindre titre à la reconnaissance de l'humanité envers le christianisme — soit dit en pas-
sant — d'avoir, par son influence, fait prévaloir, toujours, dans les lois civiles, l'*unité de la
famille* qui donne la mesure des droits et des
devoirs.

Les droits de la famille sont antérieurs à
tout Etat social, puisqu'ils ont la même attache
que le droit individuel dont ils déterminent la
limite et les moyens d'action.

Il eut donc été, au moins, aussi rationnel et

plus sage, étant admis le droit de la nation à se gouverner par elle-même, avec le principe électif comme moyen, de le faire reposer sur la famille : le suffrage universel serait composé de cette façon, de tous les pères de famille.

V

Enfin, il est un troisième.Droit fondamental *antérieur* à toute société : « le Droit de propriété, » non pas issu du vol, comme l'a dit un philosophe à paradoxes, mais qui est né de tout ce qu'il y a de plus sacré dans l'humanité, de la liberté obéissant tout à la fois, à une nécessité, à un devoir et retirant, nécessairement un droit du devoir accompli : en d'autres termes, le droit de propriété est né du travail et de l'épargne inspirés par la prévoyance la plus respectable, *l'amour de la famille.*

Ce droit pratique, point de départ du progrès dans les sociétés, comme tous les droits civils, peut-il être, à son tour, négligé dans l'organisation politique qui s'adresse, non pas comme la Religion, au côté moral, mais spécialement à l'intérêt? Prétendre qu'on ne doit pas en tenir compte, c'est tout simplement le renversement de tout notre état social, car les institutions civiles sont faites, en grande partie, pour le protéger. Il faudrait donc changer toute l'économie de nos lois civiles.

VI

Pour nous, la Révolution a échoué dans ses tentatives d'organisation politique, parce qu'elle a méconnu la nécessité d'allier *ces divers droits*, pour en tirer des principes tout à la fois libéraux et conservateurs.

D'autre part, les Gouvernements qui se sont appuyés sur les *principes conservateurs*, n'ont pas fourni une longue carrière, parce qu'ils n'ont pas fait au *droit individuel* la part qui lui revient légitimement; c'est ce qui va ressortir de l'exposé rapide que nous allons faire.

Nous ne dirons rien des divers gouvernements qui se sont succédés pendant la première Révolution, qui n'ont été que des tentatives d'organisation, que les passions désordonnées du moment ont empêché de prendre racines.

Que dirons-nous du premier Empire?

Il a représenté la Révolution par ses côtés heureux; il a traduit en un Code immortel les modifications sociales qu'elle avait produites; il était la représentation du *droit* physique *individuel*, puisqu'il reposait sur un plébiscite; mais il n'avait laissé en politique, ni à la famille, ni à la propriété l'influence à laquelle elles ont droit.

Du reste, les Institutions impériales étaient effacées par l'immense génie de celui qui les personnifiait, de sorte que l'Empire était plus un Etat de fait qu'un gouvernement de principes, car ce n'était que *nominalement* qu'existait le droit de la nation à se gouverner par elle-même : au fond, c'était un *Pouvoir absolu.*

La Restauration a été un essai plus décidé en faveur d'un système libéral, par l'alliance du principe héréditaire, connu sous le nom de *Droit divin*, avec le principe Electif.

Ce système est tombé, parce qu'au lieu de s'appliquer à défendre les droits de la Nation, il a cherché à amoindrir son influence politique, et enfin, parce qu'il a pris systématiquement parti contre la liberté, pour rentrer dans la pratique de l'autorité absolue.

Le Gouvernement de Juillet a repris, sous une autre phase, cette alliance — qui a fait, chez un peuple voisin, sa grandeur — des idées de la Révolution contrebalancées par le principe monarchique.

Ce gouvernement entendait s'appuyer, principalement, non sur le *Droit individuel*, ni sur *les Droits de la famille*, tel que nous les entendons, mais presque exclusivement sur les *Droits pratiques de la propriété* et des intérêts qui en découlent.

Ce système, appliqué sans parti pris, eût pu nous conduire au port que nous désirons : s'il a fait naufrage, c'est moins par la faute de la Nation que par la sienne propre.

Il n'a pas, non plus, compris que, pour vivre, il devait élargir, progressivement, la base populaire sur laquelle il reposait.

La République lui a succédé, et, comme elle renversait un Système au lieu de l'améliorer, elle n'a trouvé rien de mieux à faire, par suite de l'ignorance ou l'insuffisance de ceux qui la dirigeaint, que de s'appuyer uniquement sur l'élément révolutionnaire, croyant qu'il formait la base la plus large : nous voulons parler du *Droit individuel* et du suffrage universel qui représente bien, numériquement, tous les citoyens, mais qui ne représente pas *tous les Droits*.

Le Droit individuel ou physique, seul, apporte un élément d'égoïsme et de force plutôt que de *Droit moral*. Agissant isolément, il périra, quoiqu'il arrive, avec le gouvernement dont il sera la base *unique*, par les désordres qu'il fera naître, par l'impuissance ou la tyrannie qu'il engendrera.

La République n'était pas née viable avec le suffrage universel et une Chambre unique : sa

fin était *fatale*, et cette *fatalité*, sentie par tous,
qui a fait la force de l'Empire.

L'Empire, complément, pour ainsi dire, du
suffrage universel direct, a gouverné dans le
sens de ses mandants, en ouvrant une large
voie aux compétitions matérielles, croyant, de
cette façon, s'attirer la reconnaissance de ceux
dont il favorisait les intérêts. C'était là une
erreur : la reconnaissance ne sort pas de ce
côté ; elle naît dans les caractères, seuls, qui y
sont préparés par une éducation morale.

L'Empire ne pouvait, du reste, gouverner
autrement pour dominer ou se servir du suffrage universel qui, en général, n'est sensible
qu'à la crainte, la passion ou l'intérêt matériel.

Tels sont, Messieurs, les résultats politiques
de la Révolution. En l'absence de droits bien
définis, en vue d'en tirer un principe électif
d'ordre et de progrès, nous avons eu des mou-
vements sans suite et sans but pratique, une
action sans motifs justifiés, suivie de réaction ;
c'est-à-dire l'instabilité révolutionnaire, pre-

nant la place du progrès régulier et ruinant le fond moral de la nation.

VII

Le problème à résoudre consiste donc à trouver une organisation gouvernementale ayant un caractère pratique, conforme en même temps à l'état des mœurs et des esprits, basée, non sur la prépondérance de l'un des Droits primordiaux, mais s'appuyant sur chacun d'eux, dans des conditions d'équité et de justice qui satisfassent la conscience nationale.

Le premier effet de cette solution sera d'amener celle, non moins désirable et depuis si longtemps cherchée : « *L'alliance de la liberté et de l'autorité.* »

Le seul régime qui peut, dans notre opinion, réaliser ce but patriotique, n'est-ce pas *la République*, avec des institutions dignes de ce nom ?....

La République, telle que nous l'entrevoyons,

doit s'appuyer, non pas sur un seul droit, mais bien sur l'ensemble des droits qu'elle doit avoir pour but de protéger et de coordonner « *le droit individuel et les droits de la famille et de la pro- priété* » qui formeront, *par leur union*, le point de départ le plus rationnel que l'on puisse don- ner *au principe électif.*

Au lieu de l'antagonisme entre ces divers droits, les Institutions républicaines, dérivant également de chacun d'eux, tendront naturel- lement dans leur action régulière, à créer des moyens d'harmonie et d'accords entre la li- berté et l'autorité, les droits individuels et ceux de la famille, entre le travail et le capital et, de même, pour tous les problèmes dont la so- lution s'impose à la société.

Avec la République, non d'un parti ou d'une coterie, mais la République *constitutionnelle* et de droit commun, chaque citoyen apprendra à être, non une portion de la souveraineté, mais simplement son instrument libéral, ce qui est, en réalité, une mission plus honorable, puis- que chacun, dans cette voie, a le devoir de

protéger le droit d'autrui plus que le sien propre. Dans la pratique chacun, suivant son tempérament, son éducation, son savoir, ses intérêts, tendra bien à attribuer une plus grande
part d'influence à l'un ou l'autre des droits
formant la base de l'état social, mais nul ne
pourra méconnaître l'un deux, sans s'exposer
à toute la rigueur des lois.

On peut donc prévoir que, dans la manifes-
tation de l'opinion publique, les passions,
comme les partis extrêmes se noieront dans le
centre national, sans avoir la puissance de le
troubler.

VIII

Le principe électif offre des combinaisons
sans nombre tirées de lui-même, sans rien
emprunter à un autre principe, pour réaliser
les idées que nous venons d'exprimer. Il a,
particulièrement, cet avantage, au point de vue
du progrès, qu'il favorise, sans violence ni

trop fortes secousses, les modifications que des nécessités nouvelles ou les mœurs comportent en même temps que son caractère d'impersonnalité facilite les réactions nécessaires contre des mesures entâchées d'erreurs.

Nous prendrons la liberté, messieurs, de vous présenter quelques exemples de moyens pouvant produire les résultats que nous espérons, avec la pensée que vous pourrez en trouver de meilleurs, si nous avons le bonheur d'appeler votre attention de ce côté.

Etant donné que les droits qui doivent con-concourir à établir les bases gouvernementales sont : Le droit individuel, les droits de la famille et de la propriété, ayant pour instrument le principe électif.

Une Organisation dans le sens de celle que nous allons indiquer, ne réaliserait-elle pas les idées que nous venons d'exprimer et ne répondrait-elle pas, en partie du moins, aux espérances que l'on pourrait concevoir de leur application ?

La Commune.

Suffrage universel avec attribution dè *deux voix* au père de famille, nommant le conseil municipal *avec obligation* de prendre la moitié au moins des conseillers dans une liste des *plus forts imposés* domiciliés dans la commune, en nombre double des conseillers à élire.

Le Conseil général.

La nomination des conseillers généraux serait préparée, dans chaque canton, par les conseillers municipaux réunis de toutes les communes, qui établiraient une liste de deux ou trois candidats à choisir par le suffrage universel fonctionnant comme nous venons de l'indiquer ci-dessus.

La Chambre législative.

Nommée directement par le suffrage universel, fonctionnant comme nous venons de l'indiquer, non par scrutin de liste, non par arrondissement, mais, pour tout le département, par *voie uninominale*, de manière à neutraliser les passions des partis et à favoriser la *représentation des minorités*.

Le Sénat.

Nommé par les conseillers généraux, dans chaque département, auxquels seraient adjoints les conseils cantonaux qui, dans notre opinion, devraient remplacer les conseils d'arrondissement.

Le président de la République.

Nommé pour une longue période (dix ans, par exemple), serait élu par les deux Chambres réunies auxquelles on adjoindrait la Cour de Cassation et les présidents des commissions départementales, lesquels Présidents seraient remplacés par les soins des conseils généraux, au cas où ils feraient déjà partie d'un des Corps constitués ci-dessus.

La principale prérogative du Président de la République serait de dissoudre l'une des deux Chambres avec l'assentiment de l'autre.

On nous objectera que le point de départ de ces Institutions fait une trop large part à la représentation des intérêts.

Cette soi-disant représentation des intérêts est une qualification contre laquelle il faut s'élever, car elle n'a pour effet que de jeter une espèce de défaveur sur le droit social le plus respectable, le *droit de propriété*. Ce n'est point la *représentation des intérêts*, dans le sens étroit du mot, qu'il s'agit de faire prévaloir, mais uniquement la protection de *tous les droits*, au moyen d'*éléments combinés* avec esprit de justice, respectant la hiérarchie dans ce qu'elle a de respectable et laissant, néanmoins, à la liberté et au *droit individuel* tous leurs moyens légitimes d'expansion.

On pourrait nous dire, d'un autre côté, que ces Institutions ne pourront pas donner à notre

Nation la stabilité qui lui est nécessaire ; c'est là une erreur profonde. La stabilité est d'autant plus grande qu'elle s'appuie sur une base plus large. Or, un système dans lequel aucun droit rationnel ne sera méconnu, jouira vite, non-seulement de la faveur publique — la meilleure des garanties contre le désordre, d'où qu'il vienne — mais, de plus, il sera le meilleur agent du progrès réel, de celui qui assure la sécurité des intérêts et qui mène à la perfectibilité intellectuelle et morale. La République, ainsi constituée par de justes tempéraments, fermera la voie au radicalisme ou à l'absolutisme, ces deux frères ennemis.

IX

Nous vous demandons, messieurs, la permission de terminer, par un rapprochement qui ne vous échappera pas et dont personne ne peut, mieux que vous, vérifier la justesse.

La République constitutionnelle aurait, en

attribuant à l'élément démocratique la place qui lui appartient, une analogie avec le régime auquel vos convictions vous rattachent.

Cette première remarque nous amène à vous en faire une autre, à savoir : « Que les Assemblées issues du Cens électoral ont eu un tempérament et une tendance plus libérale et les partis politiques de plus hautes visées que dans les Assemblées produites par le suffrage universel *tel qu'il existe*.

Si ces observations sont justes, comme nous le croyons, il faudrait en conclure que le suffrage universel s'adresse plus aux passions qu'à la raison et que ceux qu'il choisit, visent plutôt à favoriser leur parti qu'à servir l'intérêt général. La popularité se trouve avoir ainsi la plus détestable assise.

Pour tirer le pays de la voie de l'*imprévu* où il est, on ne peut plus procéder par demi-mesures ; il faut conclure, et comme conclusion pratique, nous ne voyons que la fondation de la *République constitutionnelle* ; autrement, notre Pays est voué aux partis extrêmes et Dieu seul sait ce qu'il deviendra entre leurs mains.

Permettez-moi, messieurs, de vous le dire en toute franchise, vous seriez responsables, en partie, des malheurs que, par votre initiative, vous auriez pu éviter.

Faites taire d'anciennes et respectables convictions pour n'écouter que la voix de votre conscience et celle de la Patrie.

Au fond, vous n'avez à faire que des sacrifices de sentiments, puisqu'il s'agit de faire triompher, par des formes que les circonstances commandent, les principes libéraux et conservateurs dont vous avez toujours été les défenseurs.

Pour Dieu et la Patrie, agissez, messieurs; n'attendez pas qu'il soit... *trop tard!...*

N. L.

Juin 1874.